LE
CHEVAL DE GUERRE

PAR

LE GÉNÉRAL E. DAUMAS

PARIS

LIBRAIRIE DE L. HACHETTE ET Cie

RUE PIERRE-SARRAZIN, N° 14

(Près de l'École de médecine)

1855

S

LE
CHEVAL DE GUERRE

TYPOGRAPHIE DE CH. LAHURE
Imprimeur du Sénat et de la Cour de Cassation
rue de Vaugirard, 9

LE
CHEVAL DE GUERRE

PAR

LE GÉNÉRAL E. DAUMAS

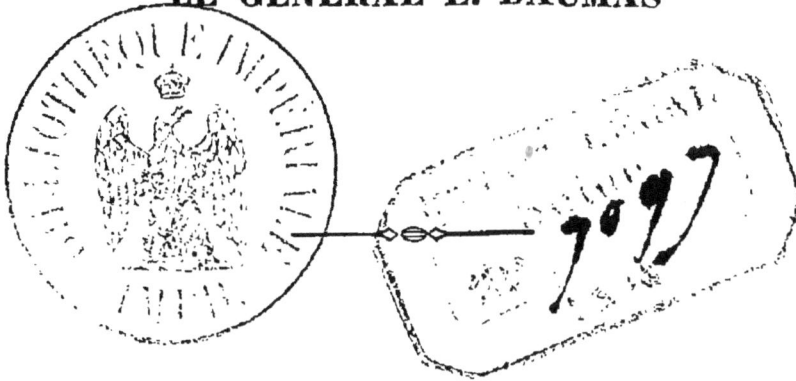

PARIS
LIBRAIRIE DE L. HACHETTE ET Cie
RUE PIERRE-SARRAZIN, N° 14
(Près de l'École de médecine)

—

1855

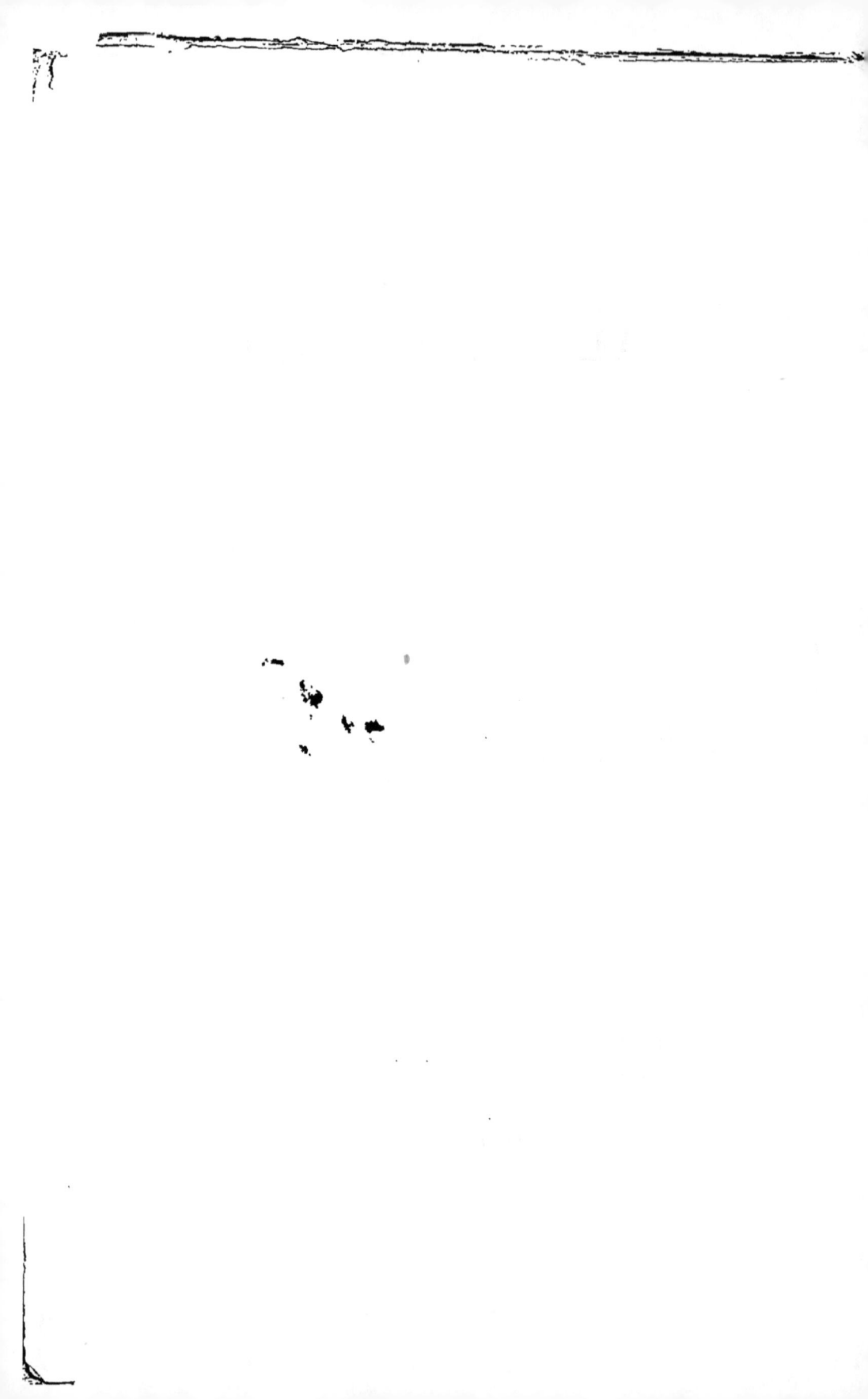

LE

CHEVAL DE GUERRE.

Lorsqu'en 1851 j'ai publié l'ouvrage intitulé : *les Chevaux du Sahara*, mon but a été
d'appeler l'attention de mon pays sur le parti
qu'il pouvait tirer de cette race, jusqu'ici
peu connue, peu appréciée, sinon des hommes qui l'ont vue à l'œuvre en Afrique. Mon
but était en outre de montrer les admirables
qualités du cheval arabe, de prouver qu'aucun cheval n'est capable de supporter comme
lui la faim, la soif, les fatigues, les intempéries, et par conséquent ne réunit à un
degré égal les conditions qui doivent distinguer *le cheval de guerre*. Je ne m'attendais
pas, au moment où j'écrivais cet ouvrage,
qu'à quatre années de là une expérience dé-
cisive viendrait confirmer, aux yeux des plus

prévenus, l'opinion que je proclamais, que je cherchais à répandre, parce que je la croyais utile à la France.

Cette opinion avait vu se produire, à côté de nombreuses sympathies, de très-sérieuses contradictions. Observateur convaincu, j'ai dû chercher, — à la lumière de faits nouveaux, de l'expérience acquise pendant la guerre de Crimée, de renseignements émanés des hommes les plus compétents, — à dégager définitivement la question de toutes les incertitudes qui pouvaient encore l'envelopper. Dans les circonstances présentes, cette recherche avait pour moi plus que de l'intérêt, je la considérais comme un devoir; car, si dans les temps ordinaires la France accorde son attention à l'élève des chevaux, aujourd'hui c'est pour elle une nécessité politique et militaire de premier ordre. Ces considérations m'ont déterminé à livrer, sans plus tarder, à la publicité les documents que j'ai recueillis à l'appui de l'opinion exposée pour la première fois dans *les Chevaux du Sahara*.

Détruire l'objection principale qui a été faite, et qui tendrait à donner à la jument une influence plus grande qu'à l'étalon sur le produit; — prouver par ce qui vient de se passer en Crimée, par tous les renseignements qui sont parvenus à ma connaissance, que le cheval arabe doit être considéré comme le premier cheval de guerre du monde; — montrer enfin la part qui lui est faite dans le système général de notre remonte, le parti que l'on peut en tirer pour améliorer nos races légères, tel est ici mon but.

Je commence par répondre à l'objection qui donne à la jument la supériorité sur l'étalon, ou plutôt je laisse le soin d'y répondre à un homme dont la compétence ne saurait être récusée, car il a toujours passé pour l'un des meilleurs cavaliers dans un pays où l'on distingue seulement ceux qui sont réellement hors ligne : je veux parler de l'émir Abd-el-Kader, qui a fait du cheval une étude spéciale, et dont l'autorité est si grande en cette matière, qu'aucun Arabe n'oserait même contester ses assertions.

Le procès qui s'est élevé sur la question de savoir quelle est l'influence relative de l'étalon et de la jument sur le produit ne date pas d'aujourd'hui. Toujours on se plaît à nous représenter un Arabe à côté de sa jument; l'or de l'acheteur brille à ses pieds, mais pendant que l'on compte cet or pour le lui donner, l'enfant d'Ismaïl jette un coup d'œil mélancolique sur le noble animal dont il ne peut se séparer, s'élance sur son dos et s'enfonce dans le désert : *l'œil ne sait bientôt plus où il a passé.*

Ce procès resté pendant depuis des siècles, il est temps de le vider une fois pour toutes, puisque de la solution du débat peut dépendre en grande partie la ruine ou l'amélioration de nos races. M. Petiniaud, inspecteur des haras, vient d'ailleurs de raviver cette discussion. Dans une lettre qu'il m'a fait l'honneur de m'adresser, et que je demande la permission de reproduire ici, ce savant hippiatre affirme que, chez les Arabes, la jument est tenue en plus grande estime que le cheval, d'où cette conséquence, que la pureté de la race chez la jument est considérée par eux comme plus importante que chez l'étalon. Cette observation devait d'autant plus m'émouvoir, que M. Petiniaud vient d'être chargé par le gouvernement de parcourir les pays musulmans de l'Asie, pour y acheter des chevaux de pure race orientale. Par ses connaissances approfondies sur la matière, par le but même de son voyage, il était en mesure de contrôler mieux que personne les opinions que j'ai émises, ainsi que mes assertions sur la manière dont les Arabes envisagent ces questions.

Je laisse d'abord parler M. Petiniaud.

Paris, ce 28 octobre 1854.

« Après trois ans de courses chez les tribus qui campent depuis Diarbekir et Alep jusqu'aux confins du Nedjed, je rentrai à Baghdad en janvier dernier. Parmi les papiers qui m'y attendaient, je trouvai un journal des haras contenant un article sur *les Chevaux du Sahara*. La lecture de ce morceau trop court, mais qui dénotait une si profonde connaissance de l'Arabe et de son cheval, m'inspira le désir de posséder l'ouvrage entier. A mon arrivée en France, vous avez eu l'extrême obligeance de me l'envoyer, je dois avant tout vous prier d'agréer l'expression de ma reconnaissance.

« Personne ne pouvait lire avec un plus grand intérêt que moi un ouvrage que vous auriez pu certainement intituler : *Du Cheval arabe d'Asie et d'Afrique;* car tel est l'esprit de tradition de ce peuple exceptionnel, qu'à chaque ligne je reconnaissais dans les mœurs des Mogrebins les mœurs de leurs ancêtres les Nedjeds, et cela après une séparation de bien des siècles.

« En 1851, je descendais le Tigre de Mossoul à Baghdad, j'avais entre les mains un volume d'Hérodote. Toutes ses descriptions des hommes et des choses étaient encore pleines d'*actualité.* Ainsi il dépeignait, il y a deux mille trois cents ans, les mœurs des Arabes d'aujourd'hui avec la même fidélité que vous, mon général, vous avez su dépeindre en Afrique les Arabes d'Asie; le temps et l'espace sont impuissants devant l'immuabilité de telles mœurs. Guerres intestines, *fantasias*, chasses, amour pour le cheval, etc., j'ai tout vu en Asie, tel que vous l'avez décrit en Afrique.

« Votre ouvrage, qui a le grand mérite de contenir toute la vérité et en même temps rien que la vérité, est appelé à exercer une grande influence sur l'éducation du cheval en France. Cette lecture pleine de charmes développera le goût du cheval chez ceux qui ne s'en sont pas encore occupés, et nos éleveurs

puiseront d'utiles documents parmi les nombreux
faits d'éducation que vous citez avec l'autorité d'une
longue et si intelligente expérience. Ils apprendront
enfin à ne plus réserver leur admiration pour un cheval dont la première qualité est la graisse, et ils con-
naîtront les avantages que l'on doit retirer de l'exer-
cice précoce auquel on soumet le poulain pendant
son premier âge. *Le cheval est dans le travail*,
disent les Arabes. Il faut donc l'y habituer de bonne
heure.

« J'ai vu tous les Arabes, et surtout les Nedjeds,
soumettre leurs chevaux de deux à trois ans aux plus
rudes épreuves. Ils les réduisent, à force de travail,
à la dernière expression de misère. Après ces rudes
épreuves, le moindre repos remet le cheval, et son
maître sait alors ce qu'il doit en espérer.

« Il est un fait cependant qui m'étonne, permettez-
moi de vous en parler, c'est la supériorité qu'Abd-el-
Kader accorde au cheval sur la jument, et cela de la
manière la plus positive. Chez tous les Arabes d'Asie,
et surtout chez les Nedjeds et les Annazas, où se
trouvent sans contredit les premières races de chevaux, la jument est considérée comme bien supérieure
au cheval, et je ne puis croire que le seul motif d'intérêt détermine les Arabes à placer la jument si au-
dessus du cheval.

« A la naissance d'un poulain, quelle que soit la noblesse de son sang, son arrivée est pour ainsi dire
regardée comme un malheur. Naît-il une pouliche, au

contraire, grande joie, grande fête dans toute la famille! Cette pouliche est appelée à continuer la race; *Mahomet est entré dans la tente.* Ni femmes ni enfants ne se permettraient de soustraire une goutte du lait que peuvent donner chamelles, chèvres, brebis, etc. Tout est réservé à l'heureuse pouliche, objet de l'amour et des plus tendres soins de la part de tous les habitants de la tente.

« Les plus beaux chevaux des Nedjeds sont facilement vendus; on les embarque sur les ports du golfe Persique pour les Indes anglaises. A leur arrivée à Bombay, ils coûtent de 8 à 12 000 francs et une moitié des prix de courses. Quant aux juments de pur sang, il est bien difficile, sinon impossible, de se les procurer.

« Abbas, pacha d'Égypte, a depuis sept ou huit ans des agents qui courent en tout sens. Ils sont parvenus à en acheter vingt-trois ou vingt-quatre. Elles ont été payées de 22 à 50 000 francs, et sur ces vingt-quatre il est de notoriété publique que douze ou treize seulement étaient vraiment de première race. J'ai vu payer celle qui coûtait le moins cher 86 000 piastres (la piastre 4 1/2 = 1 franc). C'était à un pauvre diable qui n'avait d'autre fortune que sa jument. Il avait longtemps résisté aux offres qui lui étaient faites; sa famille avait profité d'une de ses absences pour les accepter. Ce malheureux pleurait à chaudes larmes, tout en comptant le monceau de pièces d'or qui était devant lui. Que d'exemples je pourrais vous citer dans ce genre !

« Voici encore un fait général à l'appui de la haute estime que les Arabes ont pour la jument relativement au cheval : veulent-ils parler d'un animal qui a laissé dans la mémoire des Arabes le souvenir d'une bonté remarquable ou de quelques courses extraordinaires, vous n'entendrez jamais dire : « Le fameux cheval du cheikh un tel, » mais toujours : « La jument du cheikh un tel. »

« En dehors de cette différence, toutes les paroles d'Abd-el-Kader et les vôtres sont celles qui sont dans la bouche de tous les *sportmen* de l'Asie. »

Cette lettre fit une grande impression sur moi. Je venais d'entendre confirmer par un témoignage considérable tout ce que j'avais écrit sur les Arabes. Je pouvais avoir mal observé, on m'avait peut-être induit en erreur. Les musulmans sont fanatiques et méfiants; ne devais-je pas craindre qu'ils ne se fussent fait un devoir en même temps qu'un plaisir de me tromper? Tromper un chrétien, c'était alors une action si méritoire! Eh bien! non, j'étais dans le vrai : en voyant et en interrogeant les Arabes de l'Algérie, j'avais vu et entendu les Arabes de la souche primitive.

Et puis dans tout cela je trouvais encore un sujet inépuisable de profondes méditations. N'était-ce pas, en effet, quelque chose d'admirable que de voir un peuple disséminé sur de vastes espaces, du golfe Persique à l'Océan, sans voies de communications, sans imprimeries, sans télégraphes, sans aucun des moyens de civilisation moderne, mais parlant la même langue, obéissant à la même loi et conservant par la simple tradition, aussi bien que nous aurions pu le faire par des livres, les usages, les mœurs et jusqu'aux préceptes de ses pères? Cette unité dans de pareilles conditions était vraiment de nature à inspirer l'étonnement.

Quoi qu'il en soit, il restait entre M. Petiniaud et moi une question chevaline très-importante à élucider : celle de la supériorité du cheval sur la jument, ou de la jument sur le cheval. J'affirmais que les Arabes ne donnaient la préférence à la jument que *parce qu'elle fait des petits et que ces petits rap-*

*portent de l'argent, et quelquefois beaucoup
d'argent.* M. Petiniaud voyait au contraire
dans cette préférence une preuve de la supériorité que les Arabes auraient, selon lui,
accordée à la jument. Comme l'opinion de
M. Petiniaud ne s'était pas formée à la légère,
qu'elle était le résultat de longues et con-
sciencieuses observations, que pour être dé-
racinée elle avait besoin d'une autorité plus
considérable que la mienne, je lui proposai
de faire intervenir Abd-el-Kader dans ce
débat. Je fis remarquer à M. Petiniaud qu'aucun arbitre n'était plus compétent que l'émir,
qu'il était sur les lieux, qu'il voyait chaque
jour les hommes les plus influents du désert,
que parmi ses compagnons il en était qui
avaient une célébrité incontestée en matière
chevaline, qu'enfin, quoi qu'il décidât, notre
désaccord devant tourner au profit de la
science, nous aurions tous les deux à nous
féliciter du résultat obtenu. M. Petiniaud ac-
cepta, et voici la réponse qu'Abd-el-Kader fit
aux questions que je lui posai :

LA JUMENT ET L'ÉTALON.

« Louange au Dieu unique.
« Son règne seul est éternel. »

« A celui que nous aimons, à celui qui sait rendre
simples les affaires les plus difficiles, le général Daumas. Que le salut soit sur vous et votre famille, ainsi
que la miséricorde et la bénédiction de Dieu. Et ensuite je vous dirai que j'ai reçu votre lettre chérie ;
elle contient des questions très-graves sur la race
chevaline. Je vais y répondre de mon mieux et point
par point.

« PREMIÈRE QUESTION. — La mère donne-
t-elle au poulain plus de ses qualités et perfections que l'étalon, ou bien, au contraire,
le poulain prend-il plus des qualités et perfections de son père ? »

« Voici ma *réponse :*
« Le poulain provient de l'étalon et de la jument,
cela est vrai ; mais l'expérience des siècles a démon-
tré que les parties essentielles de son corps, — comme
les os, les tendons, les nerfs et les veines, — pro-
cèdent toujours du père. Il n'y a pas de doute à éle-
ver là-dessus, car le dernier Arabe sait aujourd'hui

que toutes les maladies qui sont inhérentes aux os,
aux tendons, aux nerfs et aux veines, et qui se
trouvent dans l'étalon au moment de la monte, se
perpétuent dans son produit, quelque temps qui s'é-
coule. — Je citerai notamment les exostoses, les
formes, la jarde, les varices et le *addeur* (la douleur)[1].

« La mère peut donner au produit la couleur de sa
robe, sa ressemblance et quelque chose de sa struc-
ture : il faut bien que le poulain tienne, par certains
côtés, de celle qui l'a si longtemps porté dans ses
flancs; mais c'est incontestablement l'étalon qui lui
donne la force des os, la vigueur des nerfs, la soli-
dité des tendons, la rapidité de la course, les qualités
principales enfin. Il lui communique en outre ses fa-
cultés morales, et, s'il est véritablement noble, le
préserve de tout vice.

« Nos pères ont dit : *El aôud hôr mà andouche
heïla* (le cheval noble n'a pas de malice).

« L'Arabe prête l'étalon gratuitement, il ne le loue
jamais.

« Prêter un étalon pour de l'argent est à ses yeux
l'action la plus ignoble et la plus contraire à la générosité qui le distingue, et pour laquelle il est si
justement renommé. Bien que la loi le permette,
l'usage interdit absolument ce commerce, et je n'en
ai, pour mon compte, jamais vu d'exemple. Cependant si l'Arabe prête son étalon gratuitement, il ne

1. Maladie de la colonne vertébrale.

2

le prête pas pour cela au premier venu et pour la première jument venue. Non; le demandeur est souvent obligé d'employer l'intercession de gens inspirant le respect, ou même de ses femmes, s'il ne veut pas voir sa demande repoussée.

« D'un autre côté, les Arabes sont très-difficiles sur le choix de l'étalon, et s'ils ne trouvent pas pour leurs juments de race un étalon de sang pur, ils aiment mieux les laisser deux ou trois ans improductives que de les faire saillir par un cheval commun. Veulent-ils un bon étalon, ils n'hésitent pas à entreprendre les voyages les plus lointains.

« Enfin, et pour donner la dernière preuve du rigorisme avec lequel les Arabes se mettent en garde contre les mésalliances, je dois dire qu'ils recourent même à des moyens mécaniques et douloureux pour le sujet, afin d'empêcher l'accouplement par surprise d'une jument avec un cheval commun. Quand cet accident arrive dans les pâturages et qu'ils en sont instruits à temps, ils en neutralisent les effets et y remédient au moyen d'une infusion de plantes abortives.

« Ces précautions, en même temps qu'elles démontrent l'importance qui s'attache à l'étalon, assurent la conservation des races à laquelle l'Arabe veille avec un soin aussi jaloux qu'au maintien de la pureté du sang dans sa propre famille.

« Ce qui précède vous a déjà indiqué ma conclusion : *le père donne au produit plus que la mère.*

« Et ma conclusion est identique avec l'opinion universelle des Arabes. Ils disent : *El horr iteba el fahal* (le poulain suit l'étalon).

« Je conviens cependant que le meilleur produit est celui d'un père et d'une mère tous deux de race pure. *Dans ce cas, c'est de l'or qui s'allie avec de l'or.* »

« Deuxième question. — Si du père ou de la mère l'un doit être d'origine commune, vaut-il mieux que ce soit le père, ou bien y a-t-il moins d'inconvénients à ce que ce soit la mère ? »

« Voici ma *réponse :*

« Sachez que ces questions ont de tout temps occupé nos pères ; après de longues expériences, ils ont divisé la race chevaline en quatre grandes familles auxquelles, pour les distinguer, ils ont donné les noms suivants : le *horr*, le *hadjine*, le *mekueref* et le *berdoune*.

« Le *horr* est celui dont le père et la mère sont nobles. Il marche en tête.

« Le *hadjine* est celui dont le père est noble et la mère d'origine commune. Il est moins considéré que le *horr*, et son nom *el hadjine* (incomplet, défectueux) lui vient du mot *houdjena* (vice, défaut).

« Le *mekueref* est celui dont la mère est de sang

pur et le père de sang mêlé. Bien qu'il s'approche du *hadjine*, il est loin de le valoir ; son nom lui vient de *karaf* (mélange). Le *hadjine* lui est supérieur, comme l'homme dont le père est noble et la mère négresse est supérieur à celui dont la mère est noble et le père nègre.

« Le *berdoune* enfin est celui dont ni le père ni la mère ne sont nobles. C'est le cheval étranger à nos pays ; il est classé le dernier.

« Le fameux poëte El-Tamimi a dit en parlant d'un étalon renommé : « Il est le produit de deux coureurs « célèbres qui l'ont engendré, et dont il réunit à lui « seul toutes les qualités. »

« Il a dit encore : « Voyez cet alezan fermé, à crins noirs (bai brun) ; il est incomparable de vitesse et de beauté ; on reconnaît en lui la race de ses oncles paternels et maternels dont l'Arabie a tant parlé. »

« Le prix du cheval est dans sa race. »

« TROISIÈME QUESTION. — On m'assure que les Arabes préfèrent la jument au cheval. Cette préférence provient-elle, ou des avantages qu'ils peuvent en retirer par la vente des produits, ou de ce que le poulain tient plus de sa mère que de l'étalon, ou enfin de ce que les services de la jument sont préférables à ceux du cheval ? »

« Voici ma *réponse* :

« Les Arabes préfèrent les juments aux chevaux, cela est vrai, mais seulement pour les trois motifs suivants :

« Le premier, c'est qu'ils considèrent le bénéfice qu'on peut attendre d'une jument comme l'un des plus considérables, puisque l'on a vu des Arabes retirer jusqu'à 15 ou 20 000 douros (75 ou 100 000 fr.) des produits d'une seule jument. On les entend souvent s'écrier : *La tête de la richesse, c'est une jument qui produit une jument.*

« Et cette pensée est encore corroborée chez eux par notre seigneur Mohammed, l'envoyé de Dieu ; il a dit :

« Préférez les juments, car leur ventre est un trésor, et leur dos un siége d'honneur.

« Le plus grand des biens est une femme intelligente, ou une jument qui donne beaucoup de poulains. »

« Ces paroles sont expliquées ainsi par les commentateurs : *leur ventre est un trésor*, parce que la jument, par ses produits, augmente la fortune de son maître, — *et leur dos un siége d'honneur*, parce que l'équitation de la jument est plus agréable et plus facile ; on va même jusqu'à prétendre que par la douceur de ses allures elle pourrait à la longue amollir le cavalier.

« Le second motif, c'est que la jument ne hennit pas à la guerre, qu'elle est plus insensible que l'éta-

lon à la faim, à la soif, à la chaleur, et qu'elle rend
dès lors plus de services à un peuple dont la fortune
consiste en troupeaux de chameaux et de moutons.
Or tout le monde sait que les chameaux et les moutons ne prospèrent véritablement que dans le Sahara,
où les terres sont tellement arides que beaucoup
d'Arabes, s'abreuvant habituellement de lait, ne
peuvent boire de l'eau que tous les huit ou dix jours.
C'est une conséquence de la longue distance qui sépare souvent les campements pratiqués en vue des
pâturages des lieux où il y a des puits.

« La jument est comme le serpent, sa force s'augmente au moment de la chaleur et dans les terres
brûlantes. Le serpent qui vit dans un pays froid ou
dans l'eau a peu de courage et de venin, de telle sorte
que sa morsure est rarement mortelle; tandis que le
serpent qui vit dans un pays chaud est plus vif, et
voit s'accroître la violence de son poison. Au contraire du cheval, qui supporte moins bien les ardeurs
du soleil, la jument (et cela tient sans doute à sa
constitution) sent redoubler son énergie au plus fort
de la chaleur.

« Le troisième motif enfin, c'est le peu de soins
que nécessite la jument. Elle se nourrit de peu, son
maître la conduit ou l'envoie manger des plantes avec
les moutons et les chameaux; il n'a pas besoin d'in-
stituer un gardien qui soit toujours présent.

« L'étalon, lui, ne saurait se passer d'être mieux
nourri, et son maître ne peut l'envoyer au pâturage

que surveillé par un *saïs* (palefrenier), car s'il voit une jument, il la suit.

« Telles sont les véritables causes de la préférence que les Arabes ont pour leurs juments. Cette préférence ne vient donc pas de ce que le poulain emprunte plus de qualités à sa mère qu'à son père ; elle ne vient pas non plus de ce qu'il est préférable, en tout lieu et en toute occasion, de monter une jument plutôt qu'un cheval ; non, elle s'appuie d'un côté sur des intérêts matériels, et de l'autre sur les nécessités imposées par le genre de vie que mènent les Arabes.

« Il faut proclamer en définitive que l'étalon est plus noble que la jument. Il est plus fort, plus courageux, plus rapide à la course, et il n'a pas les inconvénients graves de la jument, qui s'arrête quelquefois brusquement sous son cavalier, dans le combat même, alors que celui-ci aurait besoin qu'elle courût. Cela arrive lorsqu'elle est en chaleur et qu'elle voit l'étalon.

« L'étalon a plus de force que la jument, et la preuve, c'est qu'en supposant qu'un étalon et une jument soient frappés d'une blessure mortelle et identique, la jument tombera à l'instant, tandis que l'étalon ne tombera le plus souvent qu'après avoir sauvé son maître.

« J'ai vu une jument qui avait été frappée d'une balle à la jambe ; l'os du canon, — *keusba* (le roseau), — avait été fracturé ; ne pouvant vaincre la douleur, immédiatement elle s'affaissa.

« Un cheval entier fut atteint d'une blessure sem-
blable; sa jambe cassée n'était plus retenue que par
la peau; il continua à courir en s'appuyant sur sa
jambe saine jusqu'à ce qu'il eût enlevé son maître
du champ de bataille, et alors seulement il tomba. »

« QUATRIÈME QUESTION. — S'il est constaté
par les Arabes que le poulain participe toujours des qualités de son père, pourquoi ven-
dent-ils donc assez facilement leurs étalons,
et ne se défont-ils de leurs juments que dans
des circonstances très-graves ? »

« Voici ma *réponse :*

« Les Arabes préfèrent la jument au cheval pour
les trois causes que j'ai signalées plus haut, et ces
trois causes font assez comprendre pourquoi, chez
nous, la valeur que l'on attache à la possession d'une
jument doit être supérieure à celle que l'on attache à
la possession d'un étalon, leur origine fût-elle la
même. En effet, si d'un côté le poulain emprunte
plus au père qu'à la mère, d'un autre côté le propriétaire d'un étalon ne peut gagner en un grand
nombre d'années ce que le propriétaire de la jument
peut gagner en une seule, si elle venait à mettre bas.

« Cependant, lorsqu'un étalon a prouvé des qualités extraordinaires, il arrive aussi qu'on ne veut plus
s'en défaire; c'est qu'alors il rapporte autant à son

maître, soit par le butin, soit autrement, que la jument du prix le plus élevé.

« J'ai vu chez les *Annazas*, tribu qui s'étend depuis Baghdad jusqu'à la Syrie, des chevaux tellement hors de prix, qu'il devient presque impossible de les acheter, et surtout de les payer comptant. Ces animaux, d'une valeur fabuleuse, ne sont vendus qu'à de hauts personnages et à de riches négociants qui les paient en trente ou quarante échéances, ou bien encore par une rente perpétuelle consentie au vendeur et à ses descendants. »

« CINQUIÈME QUESTION. — La preuve, m'a-t-on dit, que chez les Arabes la jument est classée bien avant le cheval, c'est que la naissance d'un poulain, quelle que soit la noblesse de son sang, est, pour ainsi dire, regardée comme un malheur, tandis que s'il naît une pouliche, c'est au contraire l'occasion d'une grande joie dans la famille. Cette pouliche est destinée à continuer la race, notre seigneur Mohammed est entré dans la tente, il nous a apporté une bénédiction, etc. »

« Voici ma *réponse* ·

« La naissance d'un cheval ne peut jamais être

considérée comme un malheur par les Arabes, bien qu'ils préfèrent les juments pour les avantages matériels qu'elles procurent. Les juments produisent presque toutes ; quelques-unes seulement sont frappées de stérilité, ainsi que cela arrive à certaines femmes, et c'est en grande partie leur fécondité qui leur vaut la faveur dont elles jouissent.

« Je le répète, on ne peut être malheureux de la naissance d'un animal qui garantit son maître de l'humiliation.

« Un poëte a dit : « Mes frères me blâment d'avoir « des dettes, et cependant je ne les ai contractées que « pour des choses qui leur font honneur : en faisant « manger à tous le pain de Dieu, en achetant un che- « val de noble race qui sert de talisman à mon *goum*, « et en lui donnant pour domestique un esclave. »

« Sixième question. — On a vu des Arabes pleurer en se séparant de leurs juments, qu'ils avaient cependant vendues à des prix énormes ; mais on n'a jamais vu d'Arabes pleurer en se séparant de leurs chevaux. Quand on veut citer un animal remarquable, on n'entend jamais dire : le fameux cheval du cheikh un tel, mais toujours la jument du cheikh un tel. — Pourquoi ? »

« Voici ma *réponse :*

« C'est là une erreur. Les Arabes aiment leurs chevaux d'une manière absolue, comme l'homme aime ses enfants, et cela parce que le cheval est le plus noble animal après l'homme. Tout le monde sait que le cheval de sang est fier comme un fils d'Adam, et qu'il ne mange pas les restes d'un autre animal.

« Les Arabes prétendent qu'aucun peuple ne connaît comme eux la puissance du cheval et ses perfections; aussi portent-ils très-haut l'estime qu'ils ont pour lui, et cela parce qu'il sert à la poursuite comme à la fuite. Il est dans les mœurs et dans la nature des Arabes, depuis les temps les plus reculés, de se faire la guerre les uns aux autres, ainsi qu'aux nations voisines. L'Arabe pauvre a donc besoin du cheval pour tomber sur les biens de son ennemi, s'en emparer et s'enrichir, comme l'Arabe riche a également besoin du cheval pour protéger sa fortune et sa tête.

« Les Arabes disent : « Le cheval est le milan, et le chameau la proie. La proie qui est dans les serres du milan ne peut être sauvée que par d'autres milans. »

« Lorsqu'une veuve dans le désert est propriétaire de vingt chameaux, sa tribu la force à acheter un cheval destiné à les protéger. Un parti ennemi vient-il à fondre sur les chameaux, l'usage veut que cette femme donne son cheval au guerrier qui l'a monté et les a sauvés.

« Chez les Arabes, les chameaux ne peuvent appártenir qu'à ceux qui savent les défendre.

« Les Arabes aiment leurs chevaux comme le père aime son enfant, mais, comme cela est juste, ils les aiment encore davantage quand ceux-ci leur rendent de véritables services.

« Les Arabes peuvent vendre leurs chevaux quand ils en trouvent des prix élevés, mais ils les pleurent en même temps, et pour eux-mêmes et pour l'utilité qu'ils en retiraient, comme le père pleure son fils lorsqu'il s'en sépare, bien qu'il reconnaisse l'utilité de cette séparation.

« Cheval ou jument, l'Arabe regrette donc le compagnon qu'il quitte, en proportion des services qu'il en recevait.

« Maintenant pourquoi, en pays arabe, cite-t-on plus souvent la jument du cheikh un tel que le cheval du cheikh un tel? Voici. C'est tout simplement parce que les Arabes vendant habituellement leurs chevaux et conservant les juments, il y a naturellement chez eux plus de juments que de chevaux. Et si l'on conserve les juments avec un grand soin, c'est pour ne pas voir se tarir une source précieuse d'honneurs et de richesses.

« Dieu, dans son Koran, a dit : *El kheïl kheir* (les chevaux, c'est le bien). Cette expression *le bien* signifie, pour les Arabes, l'ensemble de tout ce qui peut être utile à l'homme.

« Le prophète a ajouté : « Le bonheur, les récompenses éternelles et un riche butin sont noués au toupet de vos chevaux jusqu'au jour de la résurrection. »

« Voilà tout ce que j'avais à vous dire ; c'est, d'après moi, l'exacte vérité, *mais Dieu est le plus savant.*

« Que Dieu soit avec vous ! — Salut !

« Écrit par Sid el Hadj Abd-el-Kader ben Mahhy Eddine.

« Brousse, le 15 janvier 1855. »

Que pourrais-je ajouter à cette remarquable lettre, aux observations de cet homme, qui, constamment en présence de la nature, a su l'étudier jusque dans ses détails les plus fugitifs ? D'après le témoignage d'Abd-el-Kader, il doit donc demeurer évident que les Arabes ne donnent la préférence aux juments, ni parce qu'elles influent plus que le mâle sur le produit, ni parce que leurs services sont préférables à ceux du cheval ; mais uniquement, comme je le proclamais dans *les Chevaux du Sahara*, parce qu'elles font des petits, ou, en d'autres termes, parce que *leur ventre est un trésor.*

Après avoir constaté ce fait, j'aborde le point le plus important de ma tâche ; je dis le plus important, car de l'ensemble des renseignements que je vais produire doit naître, je le crois, la conviction pour tous que le cheval arabe est le véritable cheval de guerre. On comprendra facilement qu'après avoir exposé cette opinion dans un livre, j'aie dû chercher, par tous les moyens, à m'assurer si le cheval arabe était seulement le meilleur cheval de guerre en Algérie, sous le climat qui l'a vu naître, ou bien s'il devait encore, dans d'autres régions, montrer sa supériorité et prouver qu'il est capable de supporter *le froid* comme il a prouvé qu'il peut supporter la chaleur, la fatigue, les intempéries, la faim et la soif. L'épreuve qui vient d'être faite en Crimée me paraît concluante, et cette opinion, je l'espère, deviendra l'opinion de tous après la lecture des documents que je livre à la publicité. Il faut remarquer que l'épreuve sur laquelle je m'appuie a eu lieu sur une assez large échelle pour déterminer un jugement définitif. Nous avons en effet en

Crimée deux régiments de chasseurs d'Afrique (bientôt nous aurons les quatre), quelques spahis, un grand nombre d'officiers de tous grades et de toutes armes montés sur des chevaux arabes. Nous pouvons donc obtenir des observations qui ont été faites les renseignements les plus positifs pour la solution d'une question qui nous intéresse à un si haut point.

Avant tout, je dois cependant déclarer qu'il n'entre nullement dans ma pensée d'établir de comparaisons fâcheuses entre le cheval arabe et ceux des autres races et des autres nations. *Tous les chevaux ont leur utilité et leur mérite selon le point de vue où l'on se place.* Ce que je tiens seulement à constater, c'est la prééminence du cheval d'Orient comme *cheval de guerre*, et cela par des faits qui parleront assez d'eux-mêmes, et dont chacun pourra tirer les conclusions qui lui paraîtront convenables.

Voici d'abord des extraits de lettres venant de Crimée; je les donne par ordre de date :

« Devant Sébastopol, 20 novembre 1854.

« En dépit des embarquements, des débarquements, du froid et des misères inévitables à la guerre, mon régiment compte encore cent trente-trois chevaux par escadron. C'est à n'y pas croire!

« Le colonel du 4e chasseurs d'Afrique,

« Comte DE CHAMPÉRON [1]. »

« Quartier général devant Sébastopol, le 28 janvier 1855.

« Les chevaux barbes sont les seuls qui résistent bien aux épreuves du climat et de la nourriture!

« Le général en chef,

« CANROBERT. »

« Devant Sébastopol, le 2 février 1855.

« Nos chevaux souffrent; mais ceux des chasseurs d'Afrique se maintiennent à merveille.

« Le chef d'escadron d'état-major,

« RENSON. »

« Devant Sébastopol, le 5 février 1855.

« Tâchez que pour la remonte on nous envoie des chevaux d'Afrique, nous en avons grand besoin. Que

1. M. de Champéron a depuis lors été nommé général.

le général Daumas triompherait, s'il voyait ce qui se passe chez nous, et comme ses assertions sont justifiées par la pratique ! Quelle que soit la distance où il se trouve, son succès n'en est pas moindre, et il a le droit d'en être fier. C'est ce que tout le monde proclame ici.

« Le lieutenant-colonel, aide de camp du général en chef,

« WAUBERT DE GENLIS. »

« Devant Sébastopol, le 10 mars 1855.

« Un fait remarquable, c'est l'attitude des tirailleurs algériens ; ils vont au canon comme des lions. *Quant aux chevaux d'Afrique, ils ont fait des preuves sans égales.* Tout le monde en veut aujourd'hui. et les Anglais, quand ils peuvent s'en procurer. les payent sans marchander à belles livres sterling. Vous n'apprendrez pas sans plaisir ces incontestables succès d'un pays auquel vous tenez par tant de liens, etc., etc.

« Le général chef d'état-major du deuxième corps d'armée,

« TROCHU. »

« Devant Sébastopol, le 30 mars 1855.

« Nos chevaux d'Afrique ont admirablement supporté les rigueurs de l'hiver, les privations et les fatigues. On croyait qu'ils ne pourraient endurer ni le froid, ni la neige, ni la gelée, et cependant ils sont sortis victorieux de toutes ces épreuves, qui, Dieu le sait, ne nous ont pas fait défaut, sans autre abri qu'une simple couverture.

« C'est une race admirable! vous l'avez popularisée en France par votre ouvrage des *Chevaux du Sahara*; *la guerre d'Orient vient de la populariser en Angleterre*.

« Les Anglais nous offrent des prix fabuleux des chevaux barbes que nous avons ici, mais vous comprenez que les marchés sont très-rares; nous en avons besoin, et nous les gardons.

« J'ai encore le cheval que vous m'avez connu en 1842. Il a fait toutes mes campagnes en Algérie avec le maréchal duc d'Isly, toutes les expéditions entreprises après son départ, tous mes embarquements et débarquements, et il est encore si vigoureux et si beau, que les Anglais me tourmentent chaque jour pour que je le leur vende. C'est impossible : ce vieux compagnon mourra chez moi, et je lui donnerai les invalides dès que j'en aurai la possibilité.

« Le général chef d'état-major du 2ᵉ corps,

« DE CISSEY. »

« Devant Sébastopol, le 7 avril 1855.

« Vous savez, mon général, que nous allons recevoir prochainement les 2ᵉ et 3ᵉ régiments de chas-

seurs d'Afrique. C'est une bonne et heureuse nou-
velle, car qui a vu comment se sont comportés,
pendant les dures épreuves de cet hiver, les chevaux
des 1er et 4e régiments de cette arme, comprend les
solides services qu'on doit attendre de cet accroisse-
ment dans l'effectif de cette excellente troupe.

« L'expérience a donc consacré la théorie, et la
pratique vient de donner raison sur de grandes proportions à tout ce que vous avez dit et écrit sur les
qualités du cheval barbe. C'est là un résultat utile,
au double point de vue des intérêts de l'armée et de
votre satisfaction personnelle. En effet, si les vérités
que vous avez proclamées sur cette race étaient déjà
familières aux officiers qui ont longtemps servi en
Afrique, il n'en était pas de même pour ceux qui ne
connaissent pas ce beau et bon pays. Les épreuves
qui viennent d'être faites ici, la résistance, la téna-
cité qu'ont montrées les chevaux d'Afrique pendant
la guerre actuelle, les comparaisons auxquelles ils
ont donné lieu au milieu de races variées, etc., tout
cet ensemble de faits a été de nature à convaincre
les plus incrédules, et à prouver une fois de plus les
vérités que vous avez mises au jour. C'est un succès
qui doit vous rendre heureux.

« Le lieutenant-colonel, aide de camp du général
en chef,

« WAUBERT DE GENLIS. »

Ces renseignements suffiront, je l'espère,

pour prouver dès aujourd'hui le cas que fait
notre brave armée du cheval arabe. Ses appréciations, du reste, s'accordent avec les
traditions et les récits de tous les temps. En
effet, et l'on vient d'en avoir la preuve, ce
n'est pas uniquement dans son pays, sous
un ciel chaud et au milieu d'une nature ar-
dente, que ce cheval brille par sa résistance
et ses qualités ; c'est encore dans les pays
lointains, par des froids rigoureux et dans
des conditions hygiéniques tout autres que
celles de son berceau. Tous les climats lui
sont bons, toutes les latitudes lui vont et
toutes les nourritures lui conviennent ; il
peut donc rendre autant de services dans le
nord que dans le midi. Je savais, depuis
longtemps, à quoi m'en tenir, car j'avais vu
le cheval barbe résister aux froids les plus
vifs pendant nos campagnes d'hiver dans les
âpres montagnes de la Kabylie. C'est aussi
l'opinion de l'un de nos officiers généraux les plus distingués, qui a fait les
grandes guerres de l'empire, et de la cavalerie l'étude de toute sa vie, de M. le gé-

néral Lawœstine. Voici ce qu'il a bien voulu
m'écrire.

« Paris, 19 septembre 1854.

« J'ai lu avec un vif plaisir, mon cher Daumas,
votre charmant ouvrage intitulé : *les Chevaux du
Sahara*, et l'ai trouvé plein d'intérêt et de vérité.

« Vous ne proclamez pas des utopies, vous mar-
chez avec des faits, et vous avez su donner l'attrait
du roman à la réalité. Vous n'avez pas voulu passer
de longues années en Afrique pour n'y rien voir :
vous avez vécu avec les Arabes, appris leur langue,
et, en observant leurs mœurs, vous avez surtout étu-
dié la manière dont ils comprennent le noble animal
qui chez eux fait partie de la famille. C'est là une
bonne idée que vous avez eue, car nulle part on ne
peut mieux apprendre le cheval que chez ce peuple,
aussi vieux que le monde. Il est doué d'un grand esprit d'observation, et il aime avec passion le compagnon de sa vie aventureuse.

« Si nous avions le sens commun, ne devrions-nous
pas reconnaître que le pays où le type du cheval a
pris naissance, où l'on n'a cessé de s'occuper de lui,
est le pays du cheval par excellence?

« Vous, mon cher ami, vous avez compris cela ; et
vous aurez un jour rendu un grand service à la cavalerie, parce que tôt ou tard la raison l'emportera sur
les préjugés.

« Pourquoi le cheval arabe, et ceux qui tiennent
de lui, comme le cheval espagnol de la montagne, le
cheval polonais et l'ancien cheval limousin, sont-ils
les meilleurs chevaux de guerre? C'est que leur con-
formation et leur caractère se ressentent de la rude
éducation à laquelle ils ont été soumis. Ces chevaux
sont sobres, intelligents, infatigables, et surtout d'une
grande douceur. Les chevaux anglais et les races qui
en proviennent sont tout le contraire : ils n'ont que
l'avantage d'une grande vitesse, de pouvoir franchir
de grands obstacles et de pouvoir fournir de longues
courses, *à la condition d'être énormément nourris et
parfaitement soignés*. Ces qualités ne constituent
nullement le cheval de guerre.

« J'ai longuement fait la guerre dans tous les pays
de l'Europe avec les généraux de cavalerie le plus
justement renommés. Eh bien! je ne crains pas d'ê-
tre démenti par ceux de mes camarades qui vivent
encore, jamais on ne recherchait un cheval anglais,
pas même les maréchaux et généraux en chef, qui
pouvaient se servir de cette race sans grand incon-
vénient, parce qu'ils marchaient isolés et qu'ils
avaient des ressources que l'officier de troupe ne
peut trouver.

« Le cheval des chefs était le limousin, beau
comme le cheval anglais, avec toutes les qualités du
cheval barbe. Le cheval des officiers de troupe, dans
toute la cavalerie, était le cheval polonais, le cheval
allemand croisé arabe et le cheval espagnol. Il faut,

quand on commande, monter un cheval qui ne vous emporte pas à l'ennemi; il faut qu'un officier donne le premier coup de sabre, mais qu'il soit cependant assez près de sa troupe pour la diriger et transmettre au besoin les ordres supérieurs; autrement, il se fait tuer sans profit pour son honneur et au détriment des hommes qu'il mène au combat.

« Oui, vous avez cent fois raison, le cheval arabe est le premier cheval de guerre du monde. Il est familiarisé avec l'homme depuis sa naissance. il n'a peur de rien parce qu'il vit constamment au milieu de tout ce qu'il doit rencontrer tous les jours. il est habitué à l'intempérie des saisons parce qu'il couche toujours en plein air, et enfin, condition capitale, *il sait supporter la soif et la faim*. Peut-être n'est-il pas assez grand pour nos cuirassiers et nos dragons, voilà tout ce que j'ai à lui reprocher. Je n'ai pas dit : *Peut-être n'est-il pas assez fort*, remarquez-le bien. car j'ai vu nos dragons d'Espagne. des hommes de six à sept pouces, tous remontés en chevaux espagnols, fournir au besoin, et très-vigoureusement, des courses au galop de deux ou trois lieues.

« Je n'ai plus à vous parler que d'une objection qui a été souvent faite par les détracteurs de la race arabe. Ils ont dit que le cheval arabe ne résistait pas au froid, et que, bon peut-être pour les pays chauds, il ne convenait nullement pour les climats du nord. Ma réponse est sans réplique.

« J'ai fait toute la campagne de Russie avec un

cheval barbe; seul entre tous mes autres chevaux, allemands ou polonais, il a résisté, *sans avoir pris le poil d'hiver, et rond comme une pomme,* bien qu'il ne se fût à peu près nourri que de la paille des toits. Le général Sébastiani avait une nombreuse et superbe écurie en entrant en Russie, chevaux de toutes les races parmi lesquels il s'en trouvait six venant des montagnes de Grenade (c'est la race barbe dans toute sa beauté). Il perdit tous ses chevaux à l'exception des grenadins. Je pourrais vous citer mille faits de ce genre. Fasse donc le ciel que toute notre cavalerie légère et de ligne soit remontée en chevaux africains! Avec eux, elle pourrait aller au bout du monde.

« En résumé, mon cher Daumas, je vous fais mon compliment d'avoir eu le courage de soutenir une thèse qui est fondée sur l'expérience et la raison : c'est ordinairement un motif d'avoir tort dans notre pays; mais comme on y finit toujours par ouvrir les yeux, ce sera dans l'avenir votre récompense pour n'avoir pas craint de dire la vérité. Au surplus, vous avez pris la bonne manière pour la faire accepter, c'est d'être instructif et amusant.

« DE LAWŒSTINE. »

A ces documents d'un intérêt si vif et si actuel, j'ajouterai que les chevaux arabes ou orientaux de l'empereur Napoléon Ier, dans sa mémorable campagne de Russie, sont également ceux qui ont le mieux résisté à toutes les fatigues, à toutes les intempéries, à toutes les privations. Ce fait est ainsi attesté par M. le comte de Lantivy, qui a fait la campagne de Russie en qualité de page de l'empereur :

«Vous me demandez mon avis sur les chevaux arabes qui, à ma connaissance, ont fait la campagne de Russie; je m'empresse de vous le donner.

« Le cheval arabe soutenait mieux les fatigues et les privations que le cheval européen. L'empereur, pendant cette rude campagne de Russie, n'a guère conservé que ses chevaux arabes.

« Le chef d'escadron Hubert, depuis général de division, sur cinq chevaux n'en a ramené qu'un seul : il était arabe.

« Le capitaine Simonneau, depuis officier général, n'a ramené que son cheval arabe, et moi-même je n'ai pu en conserver qu'un : c'était un breton croisé arabe. »

D'un autre côté, si nous consultons l'histoire, nous voyons les Romains rechercher

avant tout, comme cheval de guerre, le
cheval numide. Ils s'en servirent avec succès
dans leurs expéditions contre les Germains,
les Gaulois et les Scythes. A l'époque guer-
rière des croisades, les peuples francs ra-
menèrent d'immenses quantités de chevaux
orientaux, dont ils reconnaissaient le mérite
comme cheval de guerre et comme cheval
régénérateur. Pendant tout le moyen âge,
le type du cheval de guerre en Occident fut
le cheval barbe et son descendant, le cheval
espagnol : car, ainsi que le dit avec raison
M. Ephraïm Houël dans son *Histoire du
Cheval*, c'est une faute aux peintres et aux
statuaires d'avoir représenté les guerriers de
cette époque sur des chevaux lourds et mas-
sifs. Les hommes couverts des plus fortes
armures recherchaient alors et de préférence
les chevaux d'Orient ou ceux qui en descen-
daient.

Tous les chevaux fameux cités par l'his-
toire, — ceux de Richard Cœur-de-Lion à
Médine, de Philippe-Auguste à Bouvines, de
Guillaume le Conquérant à Hastings, de saint

Louis à la Massoure, de François Ier à Pavie, de Henri II dans le tournoi où il fut tué, de Henri IV à Arques et à Ivry, de Louis XIV dans ses guerres et dans ses fêtes, et enfin de Napoléon Ier à Marengo, à Austerlitz, — tous ces chevaux étaient des barbes ou des arabes. Pourquoi donc ne voudrions-nous plus aujourd'hui du cheval que de pareils hommes tenaient en si grand honneur ?

Malgré mon désir d'en finir avec toutes les preuves de la supériorité du cheval oriental comme cheval de guerre, je ne puis m'empêcher de donner encore ici les appréciations de deux officiers supérieurs très-spéciaux, le lieutenant-colonel Vallot et le lieutenant-colonel Guérin de Walderbasch. Le premier est inspecteur général des établissements hippiques de l'Algérie, et voici comment il s'exprime :

« Vous désirez connaître mon opinion sur la résistance à la fatigue et la sobriété du cheval arabe. Je ne puis mieux vous répondre, mon général, que par le récit succinct de ce qui vient de m'arriver.

« Envoyé par M. le général Randon, gouverneur

général de l'Algérie, pour explorer les ressources chevalines de la régence de Tunis, j'ai voyagé avec M. Tissot, élève consul, M. de Berny, officier au 2ᵉ chasseurs d'Afrique, et nous avons marché pendant cinquante jours de suite, couchant à la belle étoile et sans donner aucun répit à nos chevaux, nous amusant au contraire à chasser à droite et à gauche de notre route les gazelles, que d'infatigables lévriers faisaient lever devant nous.

« Pendant ces cinquante jours, nos chevaux et ceux de notre escorte ont mangé de l'orge tous les jours ; mais nous n'avons pu leur donner de la paille hachée que cinq fois, de la racine d'alfa que trois fois, et ils n'ont bu que trente-neuf fois.

« A notre retour à Tunis, ils étaient tous bien portants, gais, prêts à recommencer après quelques jours de repos.

« Je n'ajouterai rien à ces faits, ils parlent assez haut. »

J'arrive maintenant à la lettre de M. Guérin de Walderbasch, ancien lieutenant-colonel au 3ᵉ régiment de spahis, qui a commandé la cavalerie pendant la glorieuse et habile expédition de Tougourt.

« Gunetrange, près Thionville, le 12 mars 1855.

« Lorsque j'ai eu l'honneur de vous voir à Paris,

mon général, vous avez bien voulu me demander des renseignements sur la manière dont les chevaux d'Afrique se sont comportés pendant l'expédition de Tougourt, où je commandais la cavalerie.

« Dans les nombreuses courses que j'ai faites en Afrique, j'ai eu occasion d'observer la sobriété et la dureté du cheval arabe ; mais je ne l'avais jamais vu soumis à une aussi rude épreuve que celle que notre cavalerie a subie dans cette marche sur Tougourt et dans le Souf.

« Le 20 novembre 1854, sous les ordres du colonel Desvaux, qui commandait les colonnes du sud, je suis parti de Biskra avec deux escadrons du 3e chasseurs d'Afrique et deux du 3e de spahis, présentant ensemble un effectif de cinq cent cinquante chevaux. Le *goum* qui faisait partie de la colonne en comptait près de six cents.

« Pendant cette expédition, qui a duré près de trois mois, les chevaux de la cavalerie régulière ont vécu sans foin ni paille avec quatre kilos d'orge par jour, *et sont restés deux ou trois jours sans boire.*

« Malgré ces privations et des marches fatigantes dans les dunes de sable, pendant lesquelles ils étaient chargés de trois et cinq jours de vivres et d'orge, les chevaux n'ont pas dépéri.

« Mais les chevaux du *goum* ont offert un exemple encore bien plus frappant de vigueur et de sobriété, car vous le savez, mon général, le cavalier arabe ne charge pas volontiers son cheval, et pendant que nos chevaux mangeaient régulièrement leurs quatre kilos d'orge, ceux du *goum*, auxquels on n'épargnait aucune corvée, restaient souvent vingt-quatre heures sans nourriture ; cependant ils se sont maintenus jusqu'à la fin presque en aussi bon état que les chevaux de nos escadrons.

« Un fait dont je ne vous entretiendrais pas, si toute la colonne n'en avait été témoin, c'est qu'un spahi en mission tombe avec son cheval dans une de ces fondrières qu'on rencontre dans les Chotts ; le cavalier parvient à s'en tirer, mais il est obligé d'abandonner son cheval, qu'il croit perdu. Huit jours après, ce même cheval est ramené au camp par un Arabe qui l'avait trouvé à plus de dix lieues de là, errant dans les sables arides. Combien de jours ce pauvre animal sera-t-il resté sans boire ni manger ?...

« Je pourrais citer bien d'autres faits ; mais ceux-ci me paraissent assez concluants en faveur de notre brave cheval d'Afrique, qui est certes le meilleur cheval pour la guerre.

« Le lieutenant-colonel du 3e régiment de spahis,

« B. Guérin de Walderbasch[1]. »

Le cheval oriental possède, on le voit, toutes les qualités nécessaires à la guerre,

1. A la suite de l'expédition de Tougourt, M. Guérin de Walderbasch a été nommé colonel du 1er régiment de spahis.

la vigueur, la sobriété, la douceur, la force
musculaire, le liant, en un mot la résistance
aux fatigues, aux privations, aux change-
ments de climats, à toutes les épreuves inhérentes à la vie militaire. Maintenant ces qualités précieuses, d'où lui viennent-elles? Du
sol qui le produit? du climat sous lequel il
est né? de la pureté de son sang? du soin
porté dans les alliances? de ce qu'il n'est pas
castré? ou bien de sa rude éducation et du
travail auquel il est soumis dès son jeune
âge?

Je livre ces recherches aux méditations
des hommes spéciaux ; peut-être trouveront-
ils que les admirables résultats que nous
connaissons ne peuvent être atteints que par
l'ensemble de toutes ces conditions. Pour mon
compte, je suis porté à croire que le travail
y a sa grande part, que le cheval des longs
parcours, qui marche sans cesse soit en portant son cavalier à la guerre, soit en allant
au loin chercher sa nourriture et sa boisson,
ainsi que cela arrive dans le désert, qui couche toujours en plein air, soumis aux varia-

tions de la température et à toutes les intempéries des saisons, je suis très-porté à croire, dis-je, que ce cheval, à sang égal, doit avoir un grand avantage sur celui que nous familiarisons trop avec les douceurs de la vie civilisée. Et si j'avais besoin d'être confirmé dans cette opinion, j'en trouverais la preuve dans ce fait qu'en Algérie même *l'Arabe du Tell, qui est agriculteur et sédentaire, possède déjà de moins bons chevaux que l'Arabe du Sahara, qui est pasteur et nomade.*

Les Arabes disent : *Le cheval est dans le travail.* Ils disent encore : *Tout cheval endurci porte bonheur.*

Et maintenant, ajouteront sans aucun doute les hommes pratiques, la supériorité du cheval arabe comme cheval de guerre étant admise, quelles sont vos ressources? quel contingent pouvez-vous apporter dans notre remonte générale?

Je répondrai : — Naguère encore, nous ne comptions que peu d'étalons en Algérie; aujourd'hui nous en accusons 2207, dont 314

réellement supérieurs et hors ligne. Ces étalons appartiennent à l'État, aux tribus ou
aux particuliers.

L'État en compte 116, — les tribus 160,
— les particuliers 1931.

Ces 2207 étalons doivent pourvoir à la
fécondation de 62 000 juments adultes reconnues bonnes pour la reproduction, et qui
sont ainsi réparties :

Province d'Alger. 14 423
Province d'Oran. 14 835
Province de Constantine. . . 32 272
_____
Total. . . 61 530

soit 1 étalon pour 27 ou 28 juments.

Telles sont les richesses hippiques que
constatent nos statistiques. Encore est-il
juste d'ajouter que ces renseignements ne
peuvent être complets, et qu'un recensement
régulier n'a pu être fait dans les tribus éloignées de notre action directe. On voudra bien
remarquer d'ailleurs qu'une guerre de dix-
sept années a diminué les ressources de l'Al-

4

tions de la température et à toutes les i
tempéries des saisons, je suis très-porté
croire, dis-je, que ce cheval, à sang ég
doit avoir un grand avantage sur celui q
nous familiarisons trop avec les douceurs
la vie civilisée. Et si j'avais besoin d'ê
confirmé dans cette opinion, j'en trouver
la preuve dans ce fait qu'en Algérie mê
l'Arabe du Tell, qui est agriculteur et s
dentaire, possède déjà de moins bons ci
vaux que l'Arabe du Sahara, qui est paste
et nomade.

Les Arabes disent : *Le cheval est dans*
travail. Ils disent encore : *Tout cheval*
durci porte bonheur.

Et maintenant, ajouteront sans auc
doute les hommes pratiques, la supério
du cheval arabe comme cheval de gue
étant admise, quelles sont vos ressourc
quel contingent pouvez-vous apporter d
notre remonte générale?

Je répondrai : — Naguère encore, nous
comptions que peu d'étalons en Algérie;
jourd'hui nous en accusons **2207**, dont

réellement supérieurs et hors ligne. Ces étalons appartiennent à l'État, aux tribus ou aux particuliers.

L'État en compte 116, — les tribus 160, — les particuliers 1931.

Ces 2207 étalons doivent pourvoir à la fécondation de 62000 juments adultes reconnues bonnes pour la reproduction, et qui sont ainsi réparties :

Province d'Alger.	14423
Province d'Oran.	14835
Province de Constantine. . .	32272
Total. . .	61530

soit 1 étalon pour 27 ou 28 juments,

Telles sont les richesses hippiques que constatent nos statistiques. Encore est-il juste d'ajouter que ces renseignements ne peuvent être complets, et qu'un recensement régulier n'a pu être fait dans les tribus éloignées de notre action directe. On voudra bien remarquer d'ailleurs qu'une guerre de dix-sept années a diminué les ressources de l'Al-

gérie, appauvri la race, empêché son amélioration, et qu'il faut maintenant plusieurs
années de paix pour effacer les résultats de
cette longue guerre.

Si l'on veut bien réfléchir maintenant au
nombre de poulains que 60 ou 70 000 bonnes juments, fécondées par 2200 ou 2300
étalons, peuvent produire dans l'espace de
dix années, on verra qu'en *ne calculant même
que sur 5 poulains par jument*, on arrive à
la production énorme de 300 à 350,000 chevaux.

Quoi qu'il en soit, de notables progrès ont
déjà été accomplis : ils sont dus d'abord à la
générosité de l'empereur, qui a doté l'Algérie d'un certain nombre de producteurs d'un
grand mérite, appartenant à la race primitive; à la sollicitude de M. le maréchal Vail-
lant, ministre de la guerre; enfin à l'habile
impulsion donnée à l'ensemble du service
par M. le général Randon, gouverneur général de l'Algérie. Ils sont dus encore à l'insti-
tution des courses, auxquelles les Arabes des
plus grandes tentes ne craignent plus au-

jourd'hui de prendre part, aux primes ac-
cordées aux juments ainsi qu'à leur produits ;
ils sont dus enfin à l'intelligence avec laquelle, dans les trois provinces, on a su rap-
procher les stations d'étalons des grands cen-
tres de production.

Grâce à ces efforts, les défauts que l'on
croyait pouvoir reprocher à la race barbe
tendent à disparaître. La taille devient plus
haute, la tête plus large et plus carrée, le
coude est moins rapproché des côtes, et enfin la queue sera, dans l'avenir, mieux atta-
chée. D'un autre côté, tout en obtenant ces
importantes améliorations, nous avons l'es-
poir de maintenir chez le cheval barbe les
éminentes qualités qui de tout temps l'ont
distingué : la souplesse, la force et l'énergie, sa ligne admirable du dos et du rein,
l'obliquité de son épaule et la puissance de
ses hanches, la résistance aux fatigues, aux
privations, aux intempéries des saisons,
toutes qualités qui font le véritable cheval de
guerre. En un mot, nous voulons que l'on

puisse toujours dire de lui : *Il peut la faim, il peut la soif, et il peut la fatigue.*

Je viens de prononcer le mot de *courses;* qu'on me permette de donner à cette occasion un extrait d'un remarquable rapport de M. Bernis, vétérinaire principal de l'armée d'Afrique et hippiatre des plus distingués; on verra qu'au point de vue de la vitesse elle-même, le cheval barbe ne le cédera bientôt à aucun autre.

Tout nous démontre que la nature a constamment travaillé à doter de bons matériaux le cheval de nos possessions du nord de l'Afrique. Personne n'ignore qu'il fut autrefois ce coursier numide qui jouissait d'une si grande réputation, et dont il est tant parlé dans presque tous les auteurs de l'époque romaine. Il devait exister bien avant que les Romains eussent appris à le connaître, puisque Strabon porte à cent mille le nombre des poulains qui naissaient chaque année dans la Numidie.... C'est cette richesse et cet équilibre qui donnent à nos chevaux en général la faculté de faire des courses longues et pénibles, de résister aux intempéries atmosphériques et à de nombreuses privations; c'est cette richesse et cet équilibre qui viennent de démontrer en Orient que, pour la guerre et pour toutes les fatigues qui s'y rat-

tachent, la race chevaline de l'Algérie est supérieure
aux races anglaise et française : c'est cette richesse et
cet équilibre qui ont fait parcourir dans les courses
de fond 16 700 mètres en vingt-six minutes au cheval
de Bel-Kassem-ben-Yahia, du cercle d'Aumale,
25 000 mètres en quarante-cinq minutes trente secondes au cheval de Mohamed-ben-Farhât, du cercle
de Teniet-el-Had, et 25 750 mètres en cinquante-neuf
minutes et seize secondes à la jument d'Abd-el-
Kader-ben-Tayeb, du cercle de Boghar ; c'est encore
cette richesse de matériaux qui a produit des coureurs faisant un tour d'hippodrome (1500 mètres) en
une minute et quarante-cinq secondes, ce qui met la
vitesse à raison de quatre tierces et un cinquième par
mètre, lorsque sur l'hippodrome de Paris les plus
grandes vitesses d'un tour (2000 mètres) sont à raison de quatre tierces et un dixième par mètre. Il n'y
a donc à l'avantage de la capitale qu'un parcours de
500 mètres en plus, et dans la vitesse qu'une différence d'une seconde par 600 mètres. Tout cela est
quelque chose sans doute, mais si l'on considère
que, d'un côté l'entraînement, l'alimentation, le
harnachement, le savoir des jockeys, un poids qui
ne dépasse jamais certaines limites, tout enfin se
réunit pour donner aux coursiers, dans un court espace de temps, la plus grande vitesse dont ils sont
capables ; que de l'autre côté, au contraire, une
selle et une bride peu convenables pour les courses
d'hippodrome, un poids à supporter bien au-dessus

quelquefois de celui imposé par les règlements, un costume qui flotte au vent et qui fait résistance, un entraînement qui n'est pas adapté à la circonstance, le manque de ces pratiques qui sont d'un si grand concours sur le turf, enfin tout coïncide pour que l'énergie de nos chevaux, toujours dans un court espace de temps, ne paraisse pas, comme en France, dans son plus bel éclat; si l'on apprécie, disonsnous, toutes ces considérations à leur juste valeur, on tirera cette conséquence : que si l'avantage n'est pas encore du côté des chevaux de l'Algérie, il y a au moins égalité. Cela n'est-il pas une preuve convaincante de la supériorité des matériaux qui sont à notre disposition?

Maintenant ces progrès, ces résultats sontils de nature à effrayer nos éleveurs du midi? Non.

Nous avons en effet à monter et à remonter en Algérie quatre régiments de chasseurs d'Afrique, trois régiments de spahis, deux régiments de France qui ont été envoyés en Afrique pour remplacer les régiments partis pour la Crimée, nos *khialas* [1] et nos *goums*. Nous avons à monter nos généraux, nos

---

. *Khialas*, cavaliers arabes au service de la France.

officiers supérieurs, nos officiers d'état-major, nos interprètes, nos intendants, nos officiers comptables, les hommes d'affaires de notre population civile. Encore ne parlons-nous pas de tous les Arabes, qui, s'ils ne vont point encore en voiture, n'aiment pas à aller à pied quand ils ont, disent-ils, *chez eux et sous la main un admirable animal créé par Dieu pour leurs plaisirs ou les nécessités de leur vie active.* Ces besoins sont déjà considérables, puisqu'en portant à .vingt mille le nombre des chevaux ainsi employés, je crois ne pas être au-dessus de la réalité. Ces vingt mille chevaux, qui les fournirait si l'Algérie ne pouvait les produire? Ce serait naturellement la France, et, je le demande, vingt mille chevaux enlevés à la remonte de notre cavalerie, surtout dans les circonstances actuelles, ne constitueraient-ils pas une charge bien lourde pour la métropole? On voit donc que la production chevaline en Algérie, sans présenter de danger pour nos éleveurs, est cependant d'un grand secours, puisqu'elle permet à la

France de consacrer toutes ses ressources à ses besoins directs.

Mais l'Algérie doit-elle se contenter de suffire à la remonte de sa cavalerie? Non encore; l'Algérie a de plus la glorieuse prétention de préparer un certain nombre de ces beaux étalons que nous allons chercher souvent en Orient au prix d'énormes sacrifices, et de contribuer ainsi à l'amélioration de nos races.

Je termine. — On aura remarqué, je l'espère, que je ne me suis fait l'organe d'aucune doctrine exclusive, que je n'ai critiqué ni les hommes ni les faits accomplis. Cherchant uniquement la vérité dans l'intérêt de mon pays, je me suis borné à réunir les documents qui peuvent la dégager de toutes les incertitudes au milieu desquelles la plongent les partis-pris, les théories plus ou moins vraies et les systèmes plus ou moins ingénieux. Je ne suis donc point venu proclamer la supériorité absolue du cheval arabe : *je connais trop bien les qualités qu'on peut lui opposer à d'autres points de vue, notamment chez la race anglaise;* j'ai voulu seulement, appuyé par l'expérience, prouver sa supériorité *comme cheval de guerre.* Je serai heureux si je suis parvenu à appeler l'attention sur les avantages précieux que la France peut retirer, principalement sous ce rapport, d'une race, suivant moi, trop négligée jusqu'à ce jour.

Je sais que d'ailleurs je ne suis pas seul à me préoccuper de ces matières et que, même dans les termes restreints où je l'ai émise, mon opinion a rencontré de vives critiques; mais je sais aussi que de nombreuses adhésions ne lui ont pas fait défaut. C'est une controverse dont je m'applaudis, parce qu'elle prouve l'importance de la question. Quel est mon but? C'est le triomphe de la vérité; rien ne saurait mieux l'assurer que la complète et sincère expression de tous les avis.

Or, voici un nouvel élément d'appréciation : il s'agit des chevaux *arabes* employés par la cavalerie anglaise dans les Indes.

Ce n'est pas un témoignage émanant de moi que je constate; je cède la parole à un officier des plus distingués de l'armée anglaise, M. L. E. Nolan, capitaine au 15ᵉ régiment de hussards, tué en Crimée dans cette magnifique charge de Balaclava qui fait tant d'honneur à l'héroïsme de nos alliés. M. Nolan a publié un livre intitulé : *Histoire et tactique de la cavalerie*. La traduction de ce livre par M. le commandant d'état-major Bonneau du Martray, aide-de-camp du général Korte, a été éditée en 1854 à la librairie militaire de A. Leneveu, rue des Grands-Augustins, nº 18.

Je vais démontrer par un extrait de ce remarquable ouvrage quelle conformité d'idées existe entre cet officier anglais et moi, heureux, je ne le cache pas, de trouver une concordance complète là où je devais m'attendre à des dissentiments. Les tendances générales de ce traité apparaissent assez d'elles-mêmes dès les premières lignes; le chapitre premier commence en effet ainsi :

« Le cheval originaire des pays orientaux y atteignit de bonne heure ce développement, ces proportions, cette force, cette beauté de formes que dans d'autres contrées on ne put lui donner qu'après des siècles de moyens artificiels appliqués avec les soins les plus minutieux et les plus persévérants. Dans toute l'Europe le cheval n'était qu'un misérable poney ou tout au plus un bidet chétif et commun, alors qu'en Arabie, en Asie Mineure, en Perse, en Mésopotamie c'était un superbe animal propre à la guerre et très-employé dans les combats.

« Dans tout l'Orient, en effet, les peuples étaient cavaliers de naissance, et leurs armées n'étaient guère composées que de cavalerie. »

Un livre dont l'auteur se prononce aussi formellement, dès le préambule, fournirait sans doute de puissants et nombreux arguments en faveur de l'idée que j'ai développée; mais je serais entraîné dans de trop longs développements et on pourrait croire, en outre, qu'en analysant j'ai, dans la ferveur de ma conviction, modifié au profit de mon opinion les assertions de l'auteur.

Il est plus court, plus simple et non moins décisif de citer textuellement un passage de l'auteur anglais qui est dans le cœur même de la question qui nous occupe.

Voici en quels termes M. Nolan s'exprime dans un chapitre intitulé : *Chevaux de troupe et d'officiers* (pages 301, 302, 303, 304 de la traduction) :

« Avant de quitter les Indes, je fus témoin de quelques expériences très-intéressantes faites à Madras, par ordre du commandant en chef, général sir George Berkeley, dans le but d'éprouver la puissance des chevaux arabes de troupe et d'établir leur mérite pour la guerre.

« On fit trois épreuves.

« La première eut lieu entre deux régiments de cavalerie régulière indigène.

« La seconde fut effectuée par deux divisions d'artillerie à cheval.

« La troisième et dernière se passa entre deux cents cavaliers anglais (15ᵉ hussards). Cet escadron marcha plus de 800 milles (près de 1300 kilomètres ou 325 lieues métriques) savoir, depuis Bangalore jusqu'à Hyderabad, où ils restèrent quelques jours pour prendre part aux exercices, carrousels, etc. Ensuite il retourna à Bengalore, faisant 400 milles à marches forcées; puis on lui accorda un jour de repos, et les six derniers jours de route furent faits à raison de trente milles (douze lieues par jour). Il arriva n'ayant qu'un seul cheval conduit en main.

« La cavalerie anglaise *des Indes* est bien montée. Un régiment indien quelconque galoperait au besoin, dans une poursuite, l'espace de cinquante milles, laissant peu de chevaux derrière, et souffrirait peu d'une telle course. Les chevaux sont petits, mais très-vigoureux. *Les arabes, les persans, les turcomans, les chevaux de l'Araxe n'ont pas de rivaux comme chevaux de guerre.*

« J'ai vu un cheval persan de quatorze palmes et trois pouces de hauteur (un mètre cinquante), portant un cavalier de notre régiment, véritable colosse, pesant, avec son paquetage, vingt-deux stones et demi (cent quarante-deux kilogrammes); j'ai vu, dis-je, ce cheval, dans le parcours de huit cent milles que j'ai cité plus haut, marcher légèrement sous son fardeau et se maintenir en bon état. Au passage de la Kistna, rivière large, rapide et dangereuse, le cavalier refusa de faire entrer sa monture dans le bac, en disant qu'un hussard et son cheval ne devaient jamais se séparer; il lui fit passer l'eau tout harnaché; le brave petit animal surmonta noblement le courant et aborda sain et sauf avec son maître sur l'autre rive.

« Un officier aux Indes fit et gagna le pari de parcourir sur son cheval, un arabe qui n'avait guère plus de quatorze palmes de haut (1 mètre 43 centimètres), quatre cents milles en cinq jours consécutifs (vingt-six lieues par jour). Le cheval fit aisément le trajet, sans qu'il en résultât pour lui une molette.

« Que deviendrait un régiment de chevaux anglais qui se trouverait, tout d'un coup, obligé de soutenir quelques marches forcées, ou une poursuite de plusieurs centaines de milles ? *Leur manque de force à porter la charge énorme qu'on leur met sur le dos et l'insuffisance de nourriture les mettraient sur les dents après quelques heures de trot.*

« Nos chevaux de cavalerie sont faibles ; leur taille est élevée, mais c'est par la longueur de leurs membres, condition nuisible à la force. Le sang qu'il leur faudrait n'est pas celui de notre race de chevaux de course (race exagérée en hauteur, bonne pour la vitesse seulement et calquée sur le lévrier) ; ce serait le sang arabe ou persan qui pourrait leur donner ces membres d'acier, ces os compactes qui leur manquent. »

Tout ce qui précède est un extrait textuel ; je n'ai ni commenté, ni interprété. — C'est bien, me dira-t-on ; mais quelle est votre conclusion ? Pour moi, je n'en tire aucune, je laisse ce soin à M. Nolan. — Voici, en toutes lettres, celle de l'officier anglais :

« Toute amélioration dans notre cavalerie sera inutile tant qu'on n'aura pas opéré celle relative au choix des chevaux. C'est bâtir une maison sur le sable, que d'organiser une cavalerie sans lui donner de bonnes remontes. Le gouvernement seul peut opérer les réformes nécessaires, en important des étalons et des poulinières de *sang oriental,* dans le but de procréer des chevaux propres à la cavalerie anglaise. »

FIN.

OUVRAGES DU MÊME AUTEUR

Le Sahara algérien, études statistiques et historiques sur la région au sud des établissements français en Algérie.

Les chevaux du Sahara.

Mœurs et coutumes de l'Algérie (Tell. — Kabylie. — Sahara).

Principes généraux du cavalier arabe.

La grande Kabylie, études historiques, par MM. *Daumas et Fabar.*

Le grand Désert, ou itinéraire d'une caravane du Sahara au pays des nègres (royaume de Haoussa), par MM. *Daumas et Ausone de Chancel.*

Typographie de Ch. Lahure, rue de Vaugirard.

www.ingramcontent.com/pod-product-compliance
Lightning Source LLC
Chambersburg PA
CBHW070938280326
41934CB00009B/1931